BEI GRIN MACHT SICH IHR WISSEN BEZAHLT

- Wir veröffentlichen Ihre Hausarbeit,
  Bachelor- und Masterarbeit

- Ihr eigenes eBook und Buch -
  weltweit in allen wichtigen Shops

- Verdienen Sie an jedem Verkauf

**Jetzt bei www.GRIN.com hochladen
und kostenlos publizieren**

Ali Fathollah-Nejad

Die Folgen des 11.09.2001 auf den deutschen Rechtsstaat

GRIN Verlag

Bibliografische Information der Deutschen Nationalbibliothek:

Die Deutsche Bibliothek verzeichnet diese Publikation in der Deutschen National-
bibliografie; detaillierte bibliografische Daten sind im Internet über http://dnb.d-
nb.de/ abrufbar.

Impressum:

Copyright © 2002 GRIN Verlag GmbH
Druck und Bindung: Books on Demand GmbH, Norderstedt Germany
ISBN: 978-3-638-92134-3

GRIN - Your knowledge has value

Der GRIN Verlag publiziert seit 1998 wissenschaftliche Arbeiten von Studenten, Hochschullehrern und anderen Akademikern als eBook und gedrucktes Buch. Die Verlagswebsite www.grin.com ist die ideale Plattform zur Veröffentlichung von Hausarbeiten, Abschlussarbeiten, wissenschaftlichen Aufsätzen, Dissertationen und Fachbüchern.

Westfälische Wilhelms-Universität Münster
Institut für Politikwissenschaft
WS 2002/2003
Tutorium zum Grundkurs I (Einführung in die Politikwissenschaft)

Referent: Ali Fathollah-Nejad
13. Dezember 2002

DIE FOLGEN DES ELFTEN SEPTEMBER AUF DEN DEUTSCHEN RECHTSSTAAT

I – EIN NEUES STAATSVERSTÄNDNIS UND SEINE GESETZLICHE REALISIERUNG

A) Die ideologische Erdung der „Terrorismusbekämpfungsgesetze"

B) Die Neuregelungen und die Frage nach ihrer Angemessenheit

1. Verfassungsschutz

2. Sicherheitsüberprüfungen

3. Sicherung der Identitätsfeststellung

4. Behandlung der Nicht-EU-Ausländer

5. Datenvernetzung

II – DIE AUSWIRKUNGEN AUF DEN STAAT-BÜRGER-KOMPLEX UND DEN RECHTSSTAAT ALS SOLCHER

A) Eine Neudefinition des Staates und „seiner" Bürger

B) Die Transformation des Rechtsstaates

EINFÜHRUNG

Vor gut dreißig Jahren, im Zug der Notstandsgesetze wurde den Geheimdiensten erstmals ein Lauschangriff erlaubt, den seinerzeit das Bundesverfassungsgericht knapp passieren ließ. In der von drei Richtern veröffentlichten Abweichenden Meinung findet sich der Satz: „...ob der mit der Verfassungsänderung vollzogene erste Schritt auf dem bequemen Weg der Lockerung der bestehenden Bindungen nicht Folgen nach sich zieht, vermag niemand vorherzusagen." Diese vorsichtige Warnung war eine prophetische Warnung. Seit diesem Urteil von 1970 wurde das Abhören beständig ausgeweitet, explodierten die Überwachungszahlen. „Die Welt wird eine andere sein, als sie vorher war.", das sagte Außenminister Fischer kurze Zeit nach den Ereignissen des 11. September 2001. In der Tat, die Folgen dieses Terroranschlags sind weitreichender, als dies offenkundig zu sein scheint. Seitdem scheint George Orwells Welt auch in Deutschland Stück für Stück zur Realität zu werden. Innenminister Schily hat mit seinen beiden Antiterrorpaketen dafür gesorgt, dass sich auch Deutschland auf sehr glattem Eis begibt – an der Schwelle zwischen Rechts- und Überwachungsstaat.

Im folgenden werde ich versuchen auf sehr knappe Art die These anzuschneiden, dass jenes „Gesetz zur Bekämpfung des internationalen Terrorismus" die Rechte der Bürger empfindlich beschneiden und darüber hinaus gesetzlich extrem problematisch sind.

Ich werde somit lediglich – aufgrund der knappen zur Verfügung stehenden Zeit – Euch einen kurzen Überblick in Bezug auf das neue Staatsverständnis und seine gesetzliche Realisierung (I) geben, um mich anschließend den Auswirkungen (II) zu widmen.

Fragestellung: **Befindet sich der deutsche Rechtsstaat nach dem Inkrafttreten des Terrorismusbekämpfungsgesetzes („Sicherheitspakete I und II") [am 1. Januar 2002] auf dem Sterbebett?**

I – EIN NEUES STAATSVERSTÄNDNIS UND SEINE GESETZLICHE REALISIERUNG

A) Die ideologische Erdung des „Terrorismusbekämpfungsgesetzes"

Es ist unbestreitbar, dass sich die Furcht vieler Menschen, Opfer von Kriminalität zu werden, nicht mit der objektiven Kriminalitäts*gefahr* deckt. Schließlich präge „das subjektive Gefühl von Unsicherheit die Befindlichkeiten der Menschen", so heißt es im SPD-Positionspapier zur „Inneren Sicherheit" (Ende Juli 1998). Weiter heißt es dort: „Dieser Verlust an Lebensqualität lässt sich auch durch einen Hinweis auf die sich nicht verschlechternde Kriminalitätslage im eigenen Lebensumfeld nicht einfach ausräumen." Solch ein „Hinweis" auf die Realität könnte Wählerstimmen kosten. Populistische Diskurse sind erfolgversprechender. Dies weiß auch Schily: „Es geht heute nicht mehr darum, den einzelnen vor dem Staat zu schützen, sondern den einzelnen vor der organisierten Kriminalität." Die organisierte Kriminalität bedrohe die Grundrechte. Dem kann nur durch präventiven Abbau von Grundrechten begegnet werden. Daher hat sich der SPD-Innenpolitiker auch „aus voller Überzeugung" für den Großen Lauschangriff eingesetzt.

„Das ist permanenter Notstand, Ausnahmezustand, der hier praktiziert wird", beurteilte Schily die Prozesse Anfang der 70er Jahre gegen die RAF-Gründergeneration. Der Staat führe einen „verdeckten Krieg". Solche Formulierungen hält dieser mittlerweile für „sehr überspitzt". Denn er weiß nun, dass „nur ein Gesamtkonzept von abgestufter Repression und wirkungsvoller Prävention" die sog. Innere Sicherheit garantiert.

So neu ist das Sicherheitskonzept freilich nicht, vielmehr ist es das konsequente Ergebnis eines *Sicherheits*denkens im *Präventionsstaat*, wie dies spätestens seit dem „Gesetz zur Bekämpfung des illegalen Rauschgifthandels und anderer Erscheinungsformen der Organisierten Kriminalität" vom 15. Juli 1992 mit zahlreichen Normierungen zum Ausdruck gekommen ist, vom Lauschangriff bis zur Raster- oder Schleierfahndung und zur Überwachung des nicht leitungsgebundenen internationalen Fernmeldeverkehrs.

ÜBERGANG:

Was diesen Gesetzestext anbelangt, hörten wir sehr gegensätzliche Einschätzungen durch die maßgeblichen Politiker: Während die rot-grüne Koalition ihren Entwurf in der aus der internen Kritik und der öffentlichen Anhörung (am 30. November 2001) hervorgegangenen „gereinigten" Fassung als die gelungene Verbindung der „strenge(n) Beachtung rechtsstaatlicher Prinzipien mit der notwendigen Effektivität bei der Kriminalitätsbekämpfung und Terrorprävention" lobt, sehen die Oppositionsparteien teils die Rechtsstaatlichkeit gefährdet (FDP und PDS), teils im Gegenteil das Sicherheitsbedürfnis verfehlt (CDU/CSU).
Wie kann es zu solch divergierenden Urteilen kommen?

B) Die Neuregelungen und die Frage nach ihrer Angemessenheit

1. Verfassungsschutz

Die zentrale Rolle, die dem Bundesamt für Verfassungsschutz und - unter bestimmten Voraussetzungen - auch den Landesämtern künftig bei der Bekämpfung des internationalen Terrorismus zugedacht ist, wird nur sichtbar, wenn man die *Befugniserweiterungen* (§ 8 Abs. 5 bis 11, § 9 Abs. 4 BVerfSchG) zusammen mit der *Aufgabenerweiterung* in den Blick nimmt. Nach § 3 Abs. 1 Nr. 4 (neu) BVerfSchG gehört zu den Aufgaben des Amtes künftig auch das Sammeln und Auswerten von Informationen über „Bestrebungen im Geltungsbereich dieses Gesetzes, die gegen den Gedanken der Völkerverständigung (Art. 9 Abs. 2 des Grundgesetzes), insbesondere gegen das friedliche Zusammenleben der Völker (Art. 26 Abs. 1 des Grundgesetzes) gerichtet sind".

Kritik: Der Gedanke der Völkerverständigung und das friedliche Zusammenleben der Völker sind ebenso schutz- und förderungswürdig wie der "Tatbestand" einer "dagegen gerichteten Bestrebung" höchst unbestimmt ist. Ein "Pfingsttreffen" der Sudetendeutschen, bei dem das Unrecht ihrer Vertreibung geltend gemacht wird, kann ebenso darunter fallen wie die Forderung auf Anerkennung der "Rückkehr" der Palästinenser oder die Unterstützung einer der zahllosen Autonomiebestrebungen auf der ganzen Welt. Gewaltanwendung oder Gewaltvorbereitung sind [- im Unterschied zu dem mit der bisherigen Klausel des § 3 Abs. 1 Nr. 3 erfassten "Ausländerextremismus" -] nicht Voraussetzung für die Beobachtung durch den Verfassungsschutz.

Jedoch ist auch ein Pluspunkt für die Rechtsstaatlichkeit zu verbuchen: Es ist die Pflicht des Parlamentarischen Kontrollgremiums vorgesehen, dem Bundestag jährlich und nach drei Jahren nach dem Inkrafttreten des (auf fünf Jahre befristeten) Gesetzes zusammenfassend zum Zweck der *Evaluierung* detailliert Bericht zu erstatten.

2. Sicherheitsüberprüfungen: "Vorbeugender personeller Sabotageschutz"

Seit langem gehört die Mitwirkung an Sicherheitsüberprüfungen von Personen (personeller Sabotageschutz) zu den Aufgaben der Verfassungsschutzbehörden. Jetzt soll der Kreis der zu überprüfenden Personen erheblich ausgeweitet werden und alle diejenigen umfassen, die an einer "sicherheitsempfindlichen Stelle" in einer "lebens- oder verteidigungswichtigen Einrichtung" beschäftigt sind oder werden sollen. Dabei geht aus dem Gesetz hervor, dass sowohl "öffentliche" wie "nichtöffentliche", das heißt private Einrichtungen in Betracht kommen.

Kritik: Eine nähere Bestimmung dessen, was als "lebens- oder verteidigungswichtige Einrichtung" anzusehen sei, traf der Fraktionsentwurf (Drs. 14/7386) nicht.

3. Sicherung der Identitätsfeststellung

Ausweisdokumente haben die Funktion, eine zuverlässige Feststellung der Identität des Dokumentinhabers zu ermöglichen. Diese Funktion kann auf verschiedene Weisen konterkariert werden.

Um Missbrauchsmöglichkeiten mindestens zu erschweren, sieht das Terrorismusbekämpfungsgesetz für Inländer Ergänzungen des Pass- und des Personalausweisgesetzes, für Ausländer entsprechende Änderungen der Vorschriften über Aufenthaltsgenehmigungen und Ausweisersatz (§§ 5 und 39 AuslG) vor.

Während der Pass bisher außer den Angaben zur Person nur das Lichtbild und die Unterschrift des Inhabers enthalten durfte, lässt das Gesetz (§ 4 Abs. 3 und 4 PassG) [neu] jetzt auch die Aufnahme "weiterer biometrischer Merkmale" zu, und zwar auch "in mit Sicherheitsverfahren verschlüsselter Form". Die Merkmale müssen sich auf Finger, Hände oder Gesicht des Inhabers beziehen. § 4 Abs. 4 kündigt (ungewöhnlicherweise) ein weiteres Bundesgesetz an, das die Arten und die Einzelheiten der biometrischen Merkmale sowie der Verschlüsselung, Speicherung und sonstigen Verarbeitung von Merkmalen und Angaben regeln soll. Bei den Ausweisdokumenten für Ausländer (der Aufenthaltsgenehmigung nach § 5 und dem Ausweisersatz nach § 39 AuslG) überlässt man die Regelung aller Einzelheiten einer Rechtsverordnung.

Kritik: Während der deutsche Pass- oder Ausweisinhaber von der Behörde Auskunft über die in seinem Dokument enthaltenen verschlüsselten Merkmale verlangen kann, ist dem Ausländer dies versagt. Ein Redaktionsversehen?

Fazit von 1. – 3.: Ich bin bislang auf ein Paar mir wichtig erscheinende Einzelheiten im Rahmen dieser Novellierung eingegangen. Es wird hierbei deutlich, dass es mühsam und des öfteren sogar zum Scheitern verurteilt zu sein scheint, in Zeiten dominanten *Präventions*denkens rechtsstaatliche Normen zu bewahren.

4. Die Behandlung der Nicht-EU-Ausländer

Aufhebung des Religionsprivilegs: Es wurde eine Änderung des Vereinsgesetzes verabschiedet, um extremistische Vereinigungen verbieten zu können, die sich als Religions- oder Weltanschauungsgemeinschaften tarnen. Es wurde argumentiert, dass das Vereinsgesetz dies bisher nicht zuließ, da es Kirchen und Religionsgemeinschaften generell vor einem Verbot schützt. Gegen sonstige Vereine kann nach Paragraf 3 Vereinsgesetz mit Verbotsverfügungen vorgegangen werden. Weiter wurde begründet, dass extremistische Religionsgemeinschaften sich bislang einem Verbot unter dem Deckmantel des Religionsprivilegs entziehen konnten.

Kritik: Beispielsweise der Verein des selbsternannten "Kalifen von Köln" könnte nach der längst fälligen Aufhebung des so genannten "Religionsprivilegs" des § 2 Abs. 2 Nr. 3 VereinsG ohne weiteres aufgrund des bisher geltenden Vereinsrechts verboten werden, das als Verbotsgründe für inländische Vereine ebenso wie für "Ausländervereine" u. a. Verstöße gegen den Gedanken der *Völkerverständigung* oder gegen die *verfassungsmäßige Ordnung* kennt.

Darüber hinaus nannte der bisherige § 14 VereinsG "die innere oder äußere Sicherheit, die öffentliche Ordnung oder sonstige erhebliche Belange der Bundesrepublik Deutschland oder eines ihrer Länder" als Schutzgüter.

Das "individuelle" Ausländerrecht des Ausländergesetzes in der Funktion der Terrorismusbekämpfung zeigt ähnliche Züge. Die Ausweisung wird erleichtert, der Abschiebungsschutz für anerkannte politische Flüchtlinge abgeschwächt.

Kritik: an die Stelle der klaren Feststellung durch eine rechtskräftige Verurteilung tritt der – rechtsstaatlich nicht vorhergesehene - *Verdacht*.

5. Datenvernetzung

Änderung im 10. Sozialgesetzbuch: „Eine Übermittlung von Sozialdaten ist zulässig, soweit sie einer nach Bundes- oder Landesrecht zulässigen Rasterfahndung erforderlich ist." D.h., dass die Polizei, wenn sie eine Rasterfahndung durchführt, auf Daten zugreifen darf, die bisher streng gehütet waren: Also, auf die Informationen von Krankenkassen, Arbeits- und Sozialämtern, aber auch Jugendämtern, sowie Informationen eines jeden Bundesbürgers zur Renten- und Pflegeversicherung.

Der ehemalige Bundesinnenminister und Liberale Gerhard Baum: „Die **Regelanfrage** wird ja uferlos ausgeweitet. Die Informationen, die dann an den Nachrichtendienst gekommen sind werden verwertet, wenn die Menschen in Banken, Krankenhäusern, Post und Bahn, Rundfunk sich bewerben, das heißt wir haben eine ganz neue Dimension - ich nehme das Wort in den Mund - eines Überwachungsstaates und dem müssen wir widerstehen und deswegen ist es richtig, dass die Bürger sich dagegen stellen und dagegen aufstehen."

Volker Beck, der rechtspolitische Sprecher der Bündnisgrünen: „Ich muss ihnen sagen, ich gehöre nicht zu denjenigen, die jede Sicherheitsmaßnahme, die man ergreift, für eine Niederlage einer Bürgerrechtspartei halten. Wenn es erforderlich ist, kann man solche Entscheidungen verantworten, wichtig ist dabei aber, dass immer die Verhältnismäßigkeit und der Datenschutz gewahrt bleiben." Doch ob diese Verhältnismäßigkeit gewahrt bleibt, ist eben fraglich. Über 20 Bürgerrechts- und Datenschutzorganisationen, darunter die älteste deutsche

Bürgerrechtsbewegung, die Humanistische Union, bezeichneten diese im Sicherheitspaket 2 enthaltene Neuerung als "Katastrophe".

II – DIE AUSWIRKUNGEN AUF DEN STAAT-BÜRGER-KOMPLEX UND DEN RECHTSSTAAT ALS SOLCHER

A) Eine Neudefinition des Staates und „seiner" Bürger

Der Wunsch von Volker Beck Gesetze zu schaffen, die nicht nur wahrscheinliche Gefahren, sondern auch jedes potentielle Risiko ausschließen, ist nach den Terrorangriffen zwar verständlich. Dieser Wunsch impliziert aber durchaus eine Abkehr von der hiesigen Rechtstradition. Bisher wird eine Sicherheitsanalyse erstellt und mit diesen Fakten in der Hand, wird überlegt, was ein wahrscheinliches Szenario ist und wie darauf reagiert bzw. es verhindert werden kann - aus polizeilicher und juristischer Sicht. Doch der 11. September hat dies in Frage gestellt: Nun geht es nicht mehr darum nur mögliche *konkrete Gefahren* zu verhindern, sondern jedes mögliche *denkbare Risiko* zu vermeiden. Wenn man dieser Linie folgen möchte, dann müssen Gesetze eben verschärft werden - auch und gerade auf Kosten von Bürgerrechten. Denn nur durch eine möglichst lückenlose Kontrolle jedes Einzelnen lässt sich eben jedes mögliche Risiko ausschließen.

Es scheint ab sofort so zu sein, dass Bürger in erster Linie als Objekte von staatlichen Überwachungsmaßnahmen definiert werden. Besonders eklatant ist dieser Umstand bei Ermächtigungen, die jedermann im Visier haben. Dazu zählen aus dem Terrorismusbekämpfungsgesetz insbesondere die neuen Vorfeldbefugnisse für die Geheimdienste. Aber auch die Möglichkeit, biometrische Merkmale in die Personaldokumente aufnehmen zu dürfen, impliziert notwendigerweise den generellen Verdacht, dass jedermann irgendwann zum Straftäter werden kann: Die Bürge also in den Augen des Gesetzes als potentielle Sicherheitsrisiken.

Die äußerste Grenze dessen, was die Gesetze erlauben, ist ein Maßstab für die Verfasstheit unseres Staatswesens. Es ist nämlich eine andere Frage, in welchem Ausmaß von bestehenden Ermächtigungen Gebrauch gemacht wird. Dies wird von ganz verschiedenen Faktoren, etwa der technischen, personellen und finanziellen Ausstattung der Sicherheitsbehörden, beeinflusst. Ein freiheitliches Staatswesen liegt aber auf dem Sterbebett, wenn bürgerliche Freiheiten von polizeilicher Zurückhaltung und/oder fehlenden Ressourcen der Sicherheitsbehörden »geschützt« werden.

B) Die Transformation des Rechtsstaates

Es kann nicht mehr behauptet werden, dass die Redlichkeitsvermutung noch unangefochtene Geltung beanspruchen kann. Diese gebietet die staatliche Vermutung in die Rechtstreue der Bürger. Und das tut sie keineswegs als Selbstzweck: Mit dieser Vermutung ist das Verbot gekoppelt, die Menschen ohne jeglichen

Verdacht in polizeirechtlicher oder strafprozessualer Hinsicht in Anspruch zu nehmen. Also: Ohne Gefahr und ohne Straftatverdacht ist die bürgerliche Freiheitssphäre prinzipiell geschützt.

Die Abkehr von diesem Prinzip ist unter rechtsstaatlichen Gesichtspunkten von erheblicher Bedeutung, denn es gilt allgemein als gesicherte Erkenntnis unter Juristen, dass die Redlichkeitsvermutung den Rechtsstaat vom Polizeistaat unterscheidet. Das in immer zahlreicheren Gesetzen zutage tretende Misstrauen den Menschen gegenüber als gesetzliches Prinzip ist für sich genommen also schon von Bedeutung.

Das zweite Sicherheitspaket sieht unter anderem vor, dass sich zukünftig viele tausend Angestellte von sogenannten sicherheitsempfindlichen Einrichtungen (Versorgungseinrichtungen / Wasserwerke / Rundfunkanstalten ...) eine Überprüfung ihres Lebensumfeldes gefallen lassen sollen. Ohne ihr Wissen – selbstverständlich. Sie können sich damit – mangels Kenntnis – gegen solche Ausforschungen auch nicht zur Wehr setzen, selbst wenn sie es wollten. Um Geldströme internationaler Terrororganisationen zu erforschen, darf der Verfassungsschutz bei Banken Informationen abfragen und Auskünfte bei Postdienstleistern und Luftverkehrsunternehmen einholen. Er entwickelt sich damit weiter zu einer Ermittlungsbehörde. Allgemein hat die Polizei einen wesentlich erleichterten Zugriff auf das Ausländerzentralregister erhalten. Fingerabdrücke von Asylbewerbern können automatisch mit dem sogenannten Tatortspurenbestand des BKA abgeglichen werden. Und wer als Ausländer per Visum in die Bundesrepublik einreisen möchte, kann sogleich – zusammen mit den deutschen Einladenden – von den Geheimdiensten auf seine »Zuverlässigkeit« hin überprüft werden. Da passt es ins Bild, dass SPD-Innenexperte Dieter Wiefelspütz eingesteht, dass man sich mit den neuen Befugnissen dem „gläsernen Ausländer" nähere. Die sich anschließende Frage ist, ob bzw. wann sich die Politik auch offiziell zum „gläsernen Menschen" bekennt.

Indessen: Während bis vor einigen Jahren ein solches Bekenntnis zu einem Aufschrei bürgerlich-liberaler Kräfte geführt hätte, so schien dieses Mal das Aufbegehren eher einem verschämten Raunen zu gleichen. Die Gesellschaft stellt sich offenkundig auf andere Zeiten ein.

Auch was die fortschreitende Vernetzung von Geheimdiensten und Polizeibehörden angeht, so wird ein rechtspolitisch sehr bedeutsamer Weg weiter beschritten: Die De-facto-Abschaffung des Trennungsgebots zwischen Polizei und Geheimdiensten, das nach dem NS-Faschismus die Entstehung übermächtiger (weil unkontrollierbarer) Machtapparate verhindern sollte. Die Republik verabschiedet sich auch insoweit von der Nachkriegszeit.

Warum aber das alles? Was zum Beispiel haben biometrische Merkmale in deutschen Pässen mit mutmaßlich arabischen Terroristen zu tun, die Verkehrsflugzeuge in amerikanische Wolkenkratzer fliegen lassen? Der Zusammenhang ist wahrlich nicht leicht herzustellen. Und warum die gesetzgeberische Hektik, wo doch stets (und erst jüngst wieder) betont wurde, dass es in Deutschland keinerlei Anhaltspunkte auf bevorstehende Anschläge gibt? Interpretationshilfe leistet der Innenminister höchstselbst: In einem *Spiegel*-Interview bekannte er ganz freimütig, dass die entsprechenden Gesetzesinitiativen keineswegs erst nach dem 11. September eingeleitet worden sind (Nr. 39/2001, S. 32). Das spricht eher für eine durchaus geschickte Instrumentalisierung der Ereignisse vom 11. September und weniger für eine Ad-hoc-Reaktion, mit der solche Anschläge in Zukunft verhindert werden sollen.

Die Einflusssphären von BKA und Geheimdiensten sind ausgeweitet worden. Die Gesetze greifen tief in die Rechte deutscher Bürger ein - und niemand wehrt sich. Ob es an der Politikverdrossenheit, an mangelnder politischer Bildung oder an beidem liegt, ist kaum auszumachen. Als die Bundesregierung in den 70er Jahren vorübergehende Gesetze ins Parlament einbrachte, um den Terrorismus, der von der RAF ausging, zu bekämpfen, gingen Studenten, Bürger und Bürgerrechtler auf die Barrikaden.

Oder aber folgt der Gesetzgeber dem Kernsatz der „Staatstheorie" des BVerfGEs, das während der ersten Terrorismuswelle, zu Ausdruck gebracht wurde: "Die Sicherheit des Staates als verfasster Friedens- und Ordnungsmacht und die von ihm zu gewährleistende Sicherheit seiner Bevölkerung sind Verfassungswerte, die mit anderen im gleichen Rang stehen und unverzichtbar sind, *weil die Institution Staat von ihnen die eigentliche und letzte Rechtfertigung herleitet.*" [1.8.78 (Kontaktsperregesetz)]

Sind also diese Anti-Terror-Gesetze einzuordnen im Kantischen Sinne des "zweckmäßigen Handelns im Interesse der Selbsthaltung", welches im Kontext der Anschläge vom 11. September notwendig ist? Denn nach Kant ist jedes Problem "selbst für ein Volk von Teufeln" lösbar, *"wenn sie nur Verstand haben"*. [I. Kant. Zum ewigen Frieden] Doch gehen diese Gesetze tatsächlich vom *Verstand* aus? Dies ist im Rahmen der Eile, in der die Gesetze durch den Bundestag gebracht wurden, äußerst fragwürdig.

Dem völlig entgegengesetzt bemerkt die *Süddeutsche Zeitung* im Feuilleton am 8. Dezember 2001 scharfzüngig, dass die Notstandsgesetze der 70er Jahre, verglichen mit den Antiterrorpaketen, wahre Bürgerrechtsgesetze seien. Die *SZ* steht mit ihrer Abwehrhaltung gegen die mittlerweile ratifizierten Antiterror-Gesetze der Bundesregierung nicht allein. Vor allem Bürgerrechtsorganisationen und Rechtsexperten halten das "Schily-Gesetz" für den Anfang der Demontage des Rechtsstaates.

Doch Kritik verhallt offenbar im Zeitalter der Wahrnehmung einer neuen Bedrohungslage. Innenminister Schily spricht, lange bevor das Gesetzespaket im Eilverfahren durch den Bundestag gepeitscht wird, deutliche Worte.

Man dürfe ihm jetzt nicht in den Arm fallen. Dass keines seiner Gesetze aus dem Paket geeignet gewesen wäre, den 11. September zu verhindern, scheint nur der Presse aufzufallen. Doch das Organ, das von Rechts wegen die Staatsgewalt kontrollieren soll, wird nicht gehört. Auch scheint die Interessenbildung innerhalb der Bevölkerung in dieser Sache kaum bis gar nicht stattgefunden zu haben.

Angesichts dieser Tatsachen drängt sich mehr und mehr der Eindruck auf, dass Außenminister Fischer Recht behalten wird. "Die Welt wird eine andere sein..." Antiterrorgesetze, wie George W. Bush, Tony Blair oder Otto Schily sie ausarbeiten und verabschieden sind zahnlose Tiger im Kampf gegen den Terrorismus. Eines jedoch tun sie. Sie opfern die Freiheit der eigenen Bürger und verstoßen zum Teil sogar gegen die Menschenrechtskonvention für die Illusion von Sicherheit. Deutsche Politiker, wie Unionsspitzen Stoiber und Beckstein, fordern sogar eine Verschärfung von Schily I+II. Die Auswirkungen sind nicht absehbar.

Europa- und weltweit werden Allianzen gegen den Terrorismus geschlossen, werden Gesetze und Politik der vermeintlich neuen Weltlage angepasst.

Des weiteren ist der Umstand, dass der nach dem 11. September sehr eilige Gesetzgeber wichtige Teile seiner Novellierungen (s. o. zu „Verfassungsschutz" und „Sicherheitsprüfungen") auf fünf Jahre befristete und dann letzter Minute auch noch ausdrücklich deren Evaluierung anordnete (Art. 22 Abs. 3), ließ Hoffnung aufkeimen, er könne das Fragezeichen dieses Themas ernst nehmen. Allerdings kommt es auf die Kriterien an, nach denen evaluiert wird; sie können sich auf die Effizienz und Kosten der (sog.) Sicherheitsmaßnahmen beschränken, sie könnten aber auch bis zu der notwendigen *Gesamtabwägung von Sicherheit und Freiheit* vordringen. Doch diese Hoffnung dürfte alsbald schwinden, wenn man feststellt, dass Entwurf des Terrorismusbekämpfungsgesetzes (auf dem Vorblatt und im Text der ausführlichen Allgemeinen Begründung) das Wort "Sicherheit" 37-mal, das Wort "Freiheit" jedoch nicht ein einziges Mal verwendet wird.

Am 11. Oktober 2001, also einen Monat nach den Ereignissen von New York und Washington, war in der *Zeit* zu den damaligen sicherheitspolitischen Planungen auf Seite 1 zu lesen: „... - all das macht Deutschland nicht zum Polizeistaat, wie mancher argwöhnt. Allerdings benötigte ein Polizeistaat kaum zusätzliche Gesetze, er brauchte nur die derzeit geplanten massiv anzuwenden."

> *„Der Geist des Präventionsstaates sieht so aus: Jeder Bürger ist potenziell gefährlich; es muss also erst einmal festgestellt werden, dass er konkret nicht gefährlich ist – er muss sich also entsprechende Überprüfungen gefallen lassen. Bisher war dies umgekehrt. Man nannte das: Rechtsstaat."* (Prantl in der SZ)

Diskussionsansatz: Sind wir auf legalem Weg in einen Polizei-, Kontroll-, Präventiv-, Überwachungsstaat?

Das verfassungsrechtlich nicht begründbare Postulat einer *Informationseinheit* sämtlicher Sicherheitsbehörden, das seinerzeit (1983/84) gegen die „Erfindung" des Rechts auf informationelle Selbstbestimmung durch das Bundesverfassungsgericht und die damit erforderliche "informationelle Gewaltenteilung" ins Feld geführt wurde.

Quellenangaben

Gesetzestexte:

- Bundesamt für politische Bildung (Hrsg.): Gesetz zur Bekämpfung des internationalen Terrorismus (Terrorismusbekämpfungsgesetz). o. J.
- Bundesministerium des Inneren (Hrsg.): BMI-Sicherheitspaket zur Terrorismusbekämpfung – Darstellung der gesetzlichen Maßnahmen. o. J.
- tagesschau.de: Dokumentation: Das Sicherheitspaket I. o. J.

Artikel in den Printmedien:

- Bittner, Jochen: Innere Sicherheitsstufe 2. In: Die Zeit. Politik. 42/2001.
- Baum, Karl-Heinz: Innenministerium plant noch schärfere Gesetze. In: Frankfurter Rund-schau. 16.10.01.
- Prantl, Heribert: Man nannte ihn Rechtsstaat. In: Süddeutsche Zeitung. 15.01.01.

Radiobeiträge:

- Sanders, Claudia: Der Rechtsstaat und der Terrorismus. DeutschlandRadio. In: DeutschlandFunk - Hintergrund Politik. 07.11.02.
- Sanders, Claudia: 'Nichts ist mehr so, wie es mal war...'. DeutschlandRadio. In: DeutschlandFunk - Hintergrund Politik. 13.09.02.

sonstige Quellen:

- Beck, Volker; Özdemir, Cem: Wir sind und bleiben die Partei der Bürgerrechte. Erklärung von Bündnis 90/Die Grünen zur Diskussion über das „Sicherheitspaket" des Bundesinnenministers. 24.10.01.
- Malkus, Beate u. Hawel, Marcus u. Heins, Oliver: Innere Sicherheit bedroht Freiheit - BRD auf dem Weg zum Überwachungsstaat. Schreiben der Bürgerrechtsgruppe *RightNow!* an die deutschen Bundesminister. Hannover 15.10.01.
- Denninger, Erhard (Dr. jur.)*: Freiheit durch Sicherheit? - Anmerkungen zum Terrorismusbekämpfungsgesetz. o. J. [*Mithrsg. d. "kritischen Vierteljahresschrift für Gesetzgebung und Rechtswissenschaft" sowie d. Zeitschrift "Polizei - heute"]
- Friedenspolitischer Ratschlag (Hrsg.): Rechtsstaat ade? Sicherheitspaket II im Bundestag gegen Stimmen der FDP und der PDS verabschiedet. o. J.

Anhang

Papier zum Referat über „Die Folgen des elften September auf den deutschen Rechtsstaat" vom 13.12.02

* **„Gesetz zur Bekämpfung des internationalen Terrorismus"**   (in Kraft getreten am 1. Januar 2002)

DAS „SICHERHEITSPAKET I"

Die Bundesregierung hat im Kampf gegen den Terrorismus das Anti-Terror-Paket I beschlossen. Durch folgende Maßnahmen soll die Sicherheit in Deutschland erhöht werden.

Reformen bei der Bundeswehr: Vor allem in der Fernmelde- und Informationstechnik sollen geplante Erneuerungen schneller umgesetzt werden. Außerdem wird die Bundeswehr mit speziellen Waffen ausgestattet werden, die die Abwehr von Terroranschlägen ermöglichen.

Paragraf 129b Strafgesetzbuch *(als Kernstück dieses Paketes geltend):* Dabei handelt es sich um eine Ergänzung zum Paragrafen 129a, der die Bildung einer terroristischen Vereinigung unter Strafe stellt. Mit dem 129b sollen auch solche Mitglieder von Vereinigungen verfolgt werden, die ihren Sitz ausschließlich im Ausland haben. Dies geschieht auf der Grundlage einer EU-Vorgabe von 1998.

Flughafensicherheit: Künftig soll das Personal auf Flughäfen sowie Mitarbeiter von Fluglinien intensiver überprüft werden. Bei den Überprüfungen - insbesondere bei Neueinstellungen – sollen Daten vom Militärischen Abschirmdienst (MAD), vom Bundesnachrichtendienst (BND), vom Ausländerzentralregister oder der Stasiunterlagen-Behörde herangezogen werden können.

Aufhebung des Religionsprivilegs: Darüber hinaus wurde eine Änderung des Vereinsgesetzes verabschiedet, um extremistische Vereinigungen verbieten zu können, die sich als Religions- oder Weltanschauungsgemeinschaften tarnen. Das Vereinsgesetz ließ dies bisher nicht zu, da es Kirchen und Religionsgemeinschaften generell vor einem Verbot schützt. Gegen sonstige Vereine kann nach Paragraf 3 Vereinsgesetz mit Verbotsverfügungen vorgegangen werden. Extremistische Religionsgemeinschaften konnten sich bislang einem Verbot unter dem Deckmantel des Religionsprivilegs entziehen.

Austrocknen der Finanzquellen von Terrorgruppen: Banken sollen in Zukunft einer erweiterten Auskunftspflicht für Konten verdächtiger Organisationen unterliegen. Des weiteren sollen nicht überprüfbare Geldsammlungen verboten werden. Bisher waren Bemühungen gegen das Finanz-Netzwerk von kriminellen und terroristischen Organisationen in Deutschland unter anderem am Datenschutz in den Banken gescheitert. So konnte selten verhindert werden, dass Organisationen Geld an Terrorgruppierungen weiterleiten, das sie - als Spenden getarnt - eingesammelt hatten. Außerdem einigte sich die Bundesregierung darauf, dass Steuerhinterziehung in Zukunft schärferen Strafen unterliegen soll. Damit Finanzquellen terroristischer Gruppierungen besser ausgetrocknet werden können, soll international zusammengearbeitet werden.

Rasterfahndung: Die Rasterfahndung zur Kriminalitätsbekämpfung vergleicht Merkmale von Menschen auf etwaige Übereinstimmungen. Der maschinelle Abgleich und die Übermittlung personenbezogener Daten ist in der Strafprozessordnung Paragraf 98a geregelt. Wenn Straftaten von erheblicher Bedeutung, wie zum Beispiel auf dem Gebiet des Staatsschutzes oder des unerlaubten Betäubungsmittel- oder Waffenverkehrs begangen worden sind, dürfen personenbezogene Daten von Menschen, die bestimmte, auf den Täter vermutlich zutreffende Prüfungsmerkmale erfüllen, mit anderen Daten maschinell abgeglichen werden. So sollen Nichtverdächtige ausgeschlossen oder Menschen gefunden werden können, die weitere für die Ermittlungen bedeutsame Prüfungsmerkmale erfüllen.

Fingerabdrücke bei Visa-Erteilung: Ausländern soll bei der Erteilung von Visa grundsätzlich ein Fingerabdruck abgenommen werden. Das Bundesinnenministerium erwägt, diese Maßnahme schnell durchzusetzen. Schwieriger gestaltet sich die Umsetzung des Fingerabdrucks in Ausweispapieren. Diese Maßnahme würde einen großen bürokratischen Aufwand erfordern, viel Zeit und Geld kosten. Sie wird derzeit im Innenministerium geprüft.

Regelanfrage beim Verfassungsschutz: Das Bundesinnenministerium hat eine baldige Einführung der Regelanfrage beim Verfassungsschutz für Zuwanderer angekündigt. Momentan entscheidet jedes Bundesland selbst über eine solche Anfrage. Durch eine solche Verfassungsschutzanfrage könnte festgestellt werden, ob Zuwanderer möglicherweise Kontakt zu Menschen haben, die hierzulande extremistisch aktiv sind.

Datenaustausch: Derzeit werden alle Ausländer, die sich dauerhaft in Deutschland aufhalten, in einem Ausländerzentralregister beim Bundesverwaltungsamt in Köln registriert. Dort sind beispielsweise der Aufenthaltsstatus und eventuelle kriminelle Delikte gespeichert. Nach Ansicht des Bundesdatenschutzbeauftragten haben Polizei, Nachrichtendienste und Ausländerbehörde bereits jetzt einen umfassenden Zugriff auf das Register. Welche Maßnahmen das Innenministerium ergreifen will, soll eine Arbeitsgruppe entscheiden.

Umgang mit kriminellen Ausländern: Das Bundesinnenministerium will künftig extremistische und kriminelle Ausländer, die aus humanitären Gründen nicht in ihre Heimatländer abgeschoben werden können, in Drittländer ausweisen.

DAS „SICHERHEITSPAKET II"

Erweiterung der in den Personalausweisen gespeicherten persönlichen Daten: auf jeden Fall soll der Fingerabdruck aufgenommen werden. Weiter gehende Vorschläge sind die Aufnahme biometrischer Daten zur Gesichts- oder Augenerkennung, dreidimensionale Fotos des Inhabers oder auch Ergebnisse von Gen-Tests. Der Ausweis soll so angelegt werden, dass selbst der Inhaber die Daten nicht entschlüsseln kann.

Befugnis des Bundeskriminalamtes (BKA) zu »Präventivermittlungen«: Das Bundeskriminalamt soll künftig ohne jeden konkreten Verdacht gegen alles und jeden ermitteln können. Grundsätzlich ist jeder in Deutschland ein potentieller Staatsfeind.

Zugriff des Verfassungsschutzes auf Daten der Banken und Telekommunikationsfirmen ohne richterlichen Beschluss: Bisher darf auf solche Daten offiziell nur von der Polizei und das auch nur nach einem richterlichen Beschluss zugegriffen werden. Jetzt soll der Verfassungsschutz das Recht erhalten, von allen Banken sämtliche Informationen über Kontobewegungen zu erhalten. Darüber hinaus von den Telekommunikationsanbietern sämtliche Bewegungen im Internet, in den Telefon- und Handy-Netzen. Auf diese Daten hätten im Rahmen der »Verbunddateien« (s.u.) sämtliche Sicherheitsbehörden Zugriff.

Austausch von Daten zwischen Geheimdiensten und BKA: Zwischen allen Geheimdiensten in Deutschland sowie dem BKA soll ein Datenaustausch über eine so genannte »Verbund-Datei« eingeführt werden. Damit würde die Trennung zwischen Polizei und Geheimdienst - eine wichtige Schlussfolgerung aus den Erfahrungen mit dem Hilterfaschismus - letztlich vollständig aufgehoben.

Ausweitung der räumlichen Befugnisse des Bundesgrenzschutzes (BGS): Die Beschränkung des BGS bei *»verdachtsunabhängigen Personenkontrollen«* auf Flughäfen, Züge und einen Streifen von 30 Kilometern an den Grenzen soll wegfallen oder der Rahmen zumindest deutlich ausgeweitet werden. Der BGS wird damit zur flächendeckend aktiven, hochgerüsteten »Bundespolizei«.

Umfassende Verfassungsschutzüberprüfung für alle, die in Einrichtungen arbeiten, *»die der Versorgung der Bevölkerung dienen oder für das Funktionieren des Gemeinwesens notwendig sind«*. Zehntausende von Angestellten und Arbeitern sollen in den Krankenhäusern, in den Zeitungs- und Zeitschriftenverlagen, in den Kraftwerken, Energieunternehmen, bei der Telekom, der Bahn, den Banken, in pharmazeutischen und chemischen Betrieben usw. zur Generalüberwachung durch den Verfassungsschutz freigegeben werden.

Wiedereinführung einer - erweiterten - Kronzeugenregelung: Anders als die früher geltende und ausgelaufene Regelung soll die neue Kronzeugenregelung nicht auf den Terrorismus-Bereich beschränkt sein, sondern für alle Straftaten gelten. Der Kronzeuge soll dort, wo lebenslange Strafe vorgesehen ist, mit fünf Jahren Freiheitsstrafe davonkommen, in allen übrigen Fällen können die Gerichte die Strafe im eigenen Ermessen mildern.

Vorziehen der im Gesetzentwurf zur Neuregelung des Ausländerrechts enthaltenen **Verschärfungen des Asyl- und Ausländerrechtes:** Das berührt vor allem erweiterte Abschiebemöglichkeiten für »extremistische Ausländer«. Künftig kann auch in Länder abgeschoben werden, in denen den Betroffenen die Todesstrafe droht. Abgeschoben werden sollen auch solche Personen, bei denen der bloße Verdacht besteht, dass sie im Ausland bestimmte Straftaten begangen haben. Das betrifft auch anerkannte Flüchtlinge. Weiter sind Verschärfungen bei der Visum-Erteilung, die umfassende Nutzung der Eurodac-Fingerabdrucksammlung und erweiterte Zugriffsmöglichkeiten der Sicherheitsbehörden auf das Ausländerzentralregister geplant.

Das **Bundeskriminalamt** darf nun - ohne vorher bei den Landespolizeien nachzufragen - selber bei öffentlichen und privaten Stellen Auskünfte einholen. Damit hat das Bundeskriminalamt, welches ja eigentlich nur eine zentrale Koordinationsstelle sein soll, erheblich mehr Kompetenzen gewonnen.

Änderung im 10. Sozialgesetzbuch: „Eine Übermittlung von Sozialdaten ist zulässig, soweit sie einer nach Bundes- oder Landesrecht zulässigen Rasterfahndung erforderlich ist." **(Datenvernetzung)** Die Polizei darf, wenn sie eine Rasterfahndung durchführt, auf Daten zugreifen, die bisher streng gehütet waren: Also, auf die Informationen von Krankenkassen, Arbeits- und Sozialämtern, aber auch Jugendämtern, sowie Informationen eines jeden Bundesbürgers zur Renten- und Pflegeversicherung.

- **Zitate**

Stoiber: *„Der kalte Krieg ist vorbei, der eiskalte Terrorismus hat begonnen."*

Der **Datenschutzbeauftragte des Bundes**, Jakob, meint, dass Schilys Vorschläge teilweise mit der *»Bekämpfung der internationalen Terrorismus nichts zu tun«* hätten.

Till Müller Heidelberg, Vorsitzender der ältesten deutschen Bürgerrechtsbewegung, der **Humanistischen Union**: *„Das führt dazu, dass das gesamte Volk vom Gesetzgeber als potentielle Straftäter betrachtet wird, und folglich wir mit Datenerfassung überzogen werden, weil es könnte ja irgendwann mal etwas sein."*

Aus Sicht der Opposition bedarf es deshalb noch weiterer Gesetzesänderungen. Günther **Beckstein** fordert: *„Wir müssen Ausländer schneller ausweisen können, wenn der Verdacht besteht, dass sie terroristische Vereinigungen unterstützen oder angehören."*

Max Stadler, **innenpolitischer Sprecher der FDP-Bundestagsfraktion**: *„Daher hat der 11. September eine Diskussion in zweierlei Richtung gehabt: 1. Sind unsere Sicherheitsbehörden von der Ausstattung her hinreichend gerüstet, um alle Bedrohungen, auch durch den internationalen Terrorismus, begegnen zu können und 2. ist der Gesetzgeber möglicherweise der Versuchung erlegen, möglicherweise reflexartig mit immer neuen Gesetzen zu antworten, die es in Wahrheit gar nicht gebraucht hätte und die gar nix mit der Terrorismusbekämpfung zu tun haben."*

Till Müller Heidelberg von der **Humanistischen Union** sieht das ähnlich: *„Das erschreckende an der Gesetzgebungsmaschinerie in Deutschland und vielen anderen Ländern ist doch, dass die Gesetze geändert wurden, obwohl Fachleute wissen: Die hätten weder den 11. September 2001 verhindert, noch werden sie einen weiteren 11. September verhindern. Das kann man nur durch verbesserte Kontrollen und Ausrüstung der Polizei etwa. Aber diese Gesetze hätten nicht verhindert, dass die Attentäter mit Teppichmessern in die Flugzeuge gekommen sind."*

Günter Beckstein: *„[Absolute Sicherheit] gibt es natürlich nicht, auf der anderen Seite, im Hinblick darauf, dass man keine 100 Prozent Sicherheit vorhalten kann und nichts tut, ist für mich wenig vernünftig, d.h. wir haben die Aufgabe gegen Kriminalität konsequent und hart vorzugehen.*

Volker Beck, innen- und rechtspolitische Sprecher der Bündnisgrünen: *„Absolute Sicherheit kann es in einer Demokratie nicht geben. Jede gesellschaftliche Regung birgt auch immer Gefahren in sich, eine totale Überwachung ermöglicht, dass in der Gesellschaft die Kriminalität zurückgeht, aber die Verletzung der Rechte der Bürger geht dann vom Staat aus."*